11/20

Tadpole Books are published by Jump!, 5357 Penn Avenue South, Minneapolis, MN 55419, www.jumplibrary.com

Copyright ©2020 Jump. International copyright reserved in all countries. No part of this book may be reproduced in any form without written permission from the publisher.

Editor: Jenna Trnka **Designer:** Michelle Sonnek **Translator:** Annette Granat

Photo Credits: rbiedermann/iStock, cover; Steven R Smith/Shutterstock, 1, 2ml, 8–9; DJTaylor/Shutterstock, 2mr, 3; Sandra Standbridge/ Shutterstock, 2tr, 4–5; Todd Taulman Photography/Shutterstock, 2br, 6–7; Damian Money/Shutterstock, 2tl, 10–11; Cathy Keifer/Shutterstock, 2bl, 12–13; AlessandroZocc/Shutterstock, 14–15; Brett Hondow/Shutterstock, 16.

Library of Congress Cataloging-in-Publication Data is available at www.loc.gov or upon request from the publisher.
ISBN: 978-1-64128-997-9 (hardcover)
ISBN: 978-1-64128-998-6 (ebook)

VEO MARIPOSAS NOCTURNAS

por Genevieve Nilsen

TABLA DE CONTENIDO

PALABRAS A SABER

anaranjada

café

manchas

pelo

roja

verde

VEO MARIPOSAS NOCTURNAS

pelo

¡Veo una mariposa nocturna! Tiene pelo.

Esta es café.

Esta es verde.

mancha

Esta tiene manchas.

Esta es un poco anaranjada.

Esta es un poco roja.

Esta parece
una hoja.

¿Puedes encontrarla?

¡REPASEMOS!

Las mariposas nocturnas pueden ser de distintos colores. ¿Cómo se esconde esta mariposa nocturna?

ÍNDICE